ENGUÉRAND DE BICHECOURT

CHRONIQUE DU TREIZIÈME SIÈCLE (1214)

ENGUÉRAND DE BICHECOURT

PAR

AMÉDÉE JOURDAIN

Sunt lacrymæ rerum
Partout les pleurs.
(Virgile.)

SECONDE ÉDITION

PRIX 20 CENTIMES

ABBEVILLE
IMPRIMERIE BRIEZ. C. PAILLART ET RETAUX

PARIS, AMIENS, BRUXELLES
Chez tous les Libraires

MDCCCLXX

DÉDICACE

A MADEMOISELLE MARTHE BOULLENGER

Faudrait-il s'excuser de vous avoir choisie
Pour Marraine, à ce livre aussi jeune que vous !
MARTHE, n'avez-vous pas ce qui nous charme tous,
L'enfance, cette grâce et cette poésie ?

—

La blanche Sylvula, le long, le long de l'eau
Passe, écoutant gémir une brise étouffée,
Elle n'attend que vous... Allons, gentille Fée,
Venez sourire à ce berceau.

ALFRED BLOT.

Novembre 1869.

ENGUÉRAND DE BICHECOURT

CHRONIQUE DU TREIZIÈME SIÈCLE [1214].

> Sunt lacrymæ rerum!
> Partout les *pleurs*.
>
> (VIRGILE.)

I

Au moyen âge, c'était un noble et fier paladin que le sire Enguérand de Bichecourt, sixième du nom, seigneur d'Hangest, Soües, le Mesge et autres lieux ; médaille vivante, souveraine expression de cette période vraiment exceptionnelle par ses luttes, ses passions, ses exploits. Sa haute et élégante stature, la pénétration, le feu de son regard, le timbre de sa voix rude, mais vibrante, la virile beauté de son front glorieusement cicatrisé, la blancheur mâte de son teint, les boucles ondoyantes de sa blonde chevelure, son port majestueux, tout en lui rappelait le valeureux descendant des compagnons de Clovis. On voyait resplendir en sa personne les traits caractéristiques de cette belliqueuse race, de cette indomptable tribu des *Sicambres* et des *Francs*, nos immortels aînés. Fougueux et bouillant, ce preux chevalier ne voyait plus le trépas là où paraissait la gloire. Pour lui, quand l'honneur avait parlé, tout devait se taire et s'incliner devant la suprême loi du principe et de la fidélité, seuls oracles dont sa conscience entendit les conseils.

Lorsque l'ermite Pierre parcourut la France et l'Europe, en poussant ce sublime cri : « *Dieu le veut! Dieu le veut!* » les ancêtres d'Enguérand et les nôtres répondirent des premiers à l'appel du cénobite-guerrier ; ils entrèrent sans peur, sans hésitation, dans ce prodigieux mouvement, qui entraîna l'Occident vers la Palestine, pour reconquérir les lieux saints asservis sous le croissant des successeurs de Mahomet, et pour rapporter d'Orient les arts, les sciences, les langues et les divers éléments de notre civilisation. Comme tant d'autres combattants partis des bords de la Somme, les sires de Bichecourt, ces héroïques pèlerins, suspendirent plus d'une fois aux palmiers de la Syrie leurs étendards sanglants, mais victorieux. Avec nos pères, eux aussi rayonnent dans notre Iliade française, l'Iliade de la croix, où l'antique Pergame cède la place aux saints parvis de Sion. Malheureusement, ils mirent au service d'une cause sainte une valeur trop barbare, que les préceptes de l'Évangile auraient dû discipliner, sans l'amoindrir en rien. Lors de la première croisade, au siége de Nicée, l'un des aïeux d'Enguérand fit couper la tête de mille ennemis, massacrés la veille, puis, à l'aide de puissantes machines, il les lança dans la place assiégée; les habitants éperdus crurent avoir affaire à la milice même de Lucifer, se faisant un hochet de la mort et des débris humains, condamnables excès, sans doute, mais atténués par les mœurs et les coutumes de l'époque où ils se sont produits. Fidèles aux dogmes de l'Église, les hommes, en ces temps reculés, oublièrent trop souvent la mansuétude et la morale de Jésus-Christ.

Conrad, bisaïeul d'Enguérand, était déjà moins farouche et plus éclairé. Au centre du territoire d'Hangest, il fit construire un fort dont l'emplacement conserve encore le nom de Grosse-Tour, avec un beffroi d'où retentirent trop souvent la cloche d'alarme et le lugubre tintement du tocsin. Il y établit un poste avancé, pour se mettre à l'abri des incursions, ou plutôt du brigandage des barons, seigneurs d'Airaines, assez rapaces, assez audacieux, pour piller nos troupeaux, dévaster nos moissons, égorgeant les possesseurs, ou les enchaînant captifs au fond de leurs souterraines oubliettes, de leurs humides cachots, afin d'en extorquer une énorme rançon, ajoutée à leur honteux butin. Successivement emportée d'assaut et reprise aux vainqueurs, la Grosse-Tour vit à ses pieds des engagements meurtriers. Après de lamentables scènes de carnage, les morts étaient entassés pêle-mêle dans un même champ, désigné sous le nom de Tombelles ou Tombeaux.

Agreste nécropole où, sous nos modernes sillons, dorment les ossements d'une foule de martyrs, dont

Dieu seul connaît le nombre! Quand sur ces cendres refroidies vous promenez le soc de la charrue, ne leur refusez ni une prière, ni un souvenir, car leur tombe vide nous les restituera tous au grand jour de la résurrection, au val de Josaphat! Nous mentionnerons encore un terrain, dit *La Justice*, destiné par les Seigneurs à l'exécution de leurs sentences capitales. Le long des fourches patibulaires, se balançaient les squelettes des condamnés, toujours privés des derniers honneurs. Mis en branle par le vent, ces affreux débris carillonnaient l'un contre l'autre avec un lugubre cliquetis, terreur des passants.

II

Tels furent les aïeux de notre héros ; avec leur sang, ils lui avaient transmis cette dévorante, cette fébrile activité, qui leur rendait insupportables les soins vulgaires, les plaisirs bourgeois, les monotones habitudes du manoir. Ces tempéraments électriques, ces bras d'acier ne pouvaient s'accommoder du repos ; la paix, l'inaction les indignait. Les camps, voilà leur patrie, leur gîte; là seulement leur pouls battait à l'aise. La guerre, voilà leur vie, leur passion; quand ils ne la trouvaient pas sous leurs murs, ils allaient la chercher partout, même au delà des mers; ils tourmentaient le monde du feu dont ils étaient eux-mêmes tourmentés. Ils épanchaient, ils prodiguaient partout cet excès, cette exubérance de vie, dont les trésors paraissent épuisés aujourd'hui. C'était là le vrai caractère de la chevalerie errante ou sédentaire. Tels furent surtout les templiers, si recommandables, si justement renommés d'abord, mais peu à peu énervés et perdus plus tard par l'abus de leur excessive et scandaleuse opulence. Au début, deux templiers n'avaient qu'un seul cheval; mais trente ans plus tard, un seul templier possédait au moins trois chevaux. Pauvres, les chevaliers du Temple avaient grandi; riches, ils dégénérèrent promptement, et finirent par attirer sur leur tête le plus terrible châtiment dont notre histoire fasse mention. Ils furent anéantis, du même coup, par le pape et le roi, par l'autorité spirituelle et le bras séculier.

III

Enguérand fut bientôt à même de signaler son patriotisme et sa valeur ; lui aussi va recevoir le baptême du sang. En 1214, Philippe-Auguste, l'un de nos plus grands monarques, vit se liguer contre lui ses vassaux révoltés. Othon, empereur d'Allemagne, Jean, roi d'Angleterre, les appuyèrent dans leur rébellion. Complices intéressés, ils se flattaient de démembrer nos provinces à leur profit; d'avance ils se partageaient les lambeaux du royaume très-chrétien ; mais ils oubliaient que Dieu protége la France, toujours jeune après quatorze cents ans d'épreuves et de combats, toujours unie malgré un siècle de discordes et de récentes convulsions... ils oubliaient qu'il y a chez nous une tenace et inépuisable vitalité, qui se ranime et se retrempe toujours en face du péril. L'étoile de notre France peut pâlir ; s'éteindre, jamais! Notre cause n'est-elle pas celle du monde ! gardons-nous bien d'en désespérer. Menacé de toutes parts, Philippe-Auguste convoque le ban, l'arrière-ban de la noblesse. La nation entière frissonne, elle se lève pour répondre à son souverain, un million de voix sont l'écho de sa voix. La Seine, le Rhône, la Loire, offrent leurs tributs et leurs contingents. Des Alpes aux Pyrénées, du Nord au Midi, du Levant au Couchant, toutes les zones frémissent, tressaillent d'enthousiasme et d'ardeur. Toutes les mains s'arment pour refouler au fond de son île, et dans les brumes de sa Tamise, le Saxon abhorré. L'évêque de Senlis lui-même, l'intrépide Guérin, oubliant son pacifique ministère, ne craint pas de ceindre l'épée, pour se porter à la tête de nos cohortes et de cette nationale confédération, pour sauvegarder la jalouse virginité du sol français. Enguérand met sur pied quatre cents hommes d'armes, renforcés par les cinquante templiers de Crouy. Sous la conduite du comte de Ponthieu, ils courent, ils volent vers Tournai, où s'étaient donné rendez-vous les princes coalisés contre la France. Une immense, houleuse multitude couvrait les plaines fameuses de Bouvines. Nos marécages ont leurs roseaux, ils vont avoir leurs lauriers. Quel spectacle! la Germanie, la Grande-Bretagne, la Flandre, la Bourgogne ont vomi sur ce point tout ce qu'elles ont d'hommes, de chevaux, de chars, de bataillons. Depuis le déluge des hordes barbares, depuis Attila et l'invasion des Sarrasins, jamais tant de piques, jamais pareille futaie de lances, d'enseignes, jamais tant de dards, de cuirasses, de glaives, n'ont scintillé au soleil du septentrion. Empires contre empires, rois contre rois, vétérans contre vétérans, coursiers contre coursiers font trembler le sol sous leurs pas. On dirait un monde s'avançant pour défier un monde rival. Comme un météore d'espérance, l'oriflamme française, l'oriflamme de Saint-Denis plane sur nos légions. Et vous aussi, humbles guidons d'Hangest, d'Ailly, pavillons de Saint-Valery, d'Abbeville, de Centule, Oisemont, Flixecourt, Crécy, vous déployez aux vents vos plis séculaires, oubliés aujourd'hui, mais alors biens connus de Jérusalem, Tyr, Antioche, Trébizonde, Joppé ! bien connus des minarets et créneaux musulmans. Pourquoi nos yeux étonnés vous cherchent-ils en vain dans nos temples ? leurs murs vous réclament, vous appellent; leurs colonnes vous attendent; puisse la religion vous ressusciter un jour, sur ses lambris, comme le drapeau des Hachette, des Jeanne d'Arc. Par le culte d'un tel passé, nous enfanterons un avenir digne de lui.

Les tambours ont battu la charge, les clairons donnent le signal, le choc a commencé. L'air est obscurci d'une avalanche de traits. Ce ne sont pas seulement des hommes, des archers, des fantassins, ce sont des murailles d'airain, des remparts de fer, qui se meuvent, ondulent comme les nœuds d'un immense serpent, les anneaux et les spirales d'une couleuvre sans fin ; elles se heurtent, elles renversent, sont renversées, se trouent, se déchirent, tombent, se relèvent, jusqu'à ce que l'une d'elles disparaisse broyée, pulvérisée, anéantie. C'est un fracas continu, comme le mugissement d'une tempête, le roulement d'un tonnerre lointain, quand la foudre répond à une autre foudre, prélude d'un tremblement de terre. Impossible de rien démêler en ce sanglant chaos.

Une fois, pourtant, ce nuage de poussière, cette épaisse vapeur s'entr'ouve, l'ouragan se tait, nous apercevons un guerrier aux prises avec un détachement de cavaliers anglais et flamands ; seul contre douze, il fait preuve d'un courage désespéré. « Rends-toi, lui vocifère-t-on de toutes parts : crie donc : vive l'Angleterre ! ne vois-tu pas le léopard de Jean dévorer les lys de Philippe ? rends-toi, à merci ! » En même temps le magnanime chevalier est atteint au défaut de la cuirasse, par un javelot des plus acérés. Une clameur formidable a retenti : « A moi, Hangest! Hangest à la rescousse! » Angilbert, un des nôtres, entend le cri, reconnaît la voix d'Enguérand, son seigneur. Il accourt, lève les yeux au ciel, et se signe avec son gantelet de fer : « A la grâce de Dieu ! s'écrie-t-il, et avec l'aide de Monseigneur saint Angilbert, de Madame la bénoîte sainte Marguerite, mes patrons ! » Il dit, et se lance, tête baissée, au milieu des douze assaillants ; avec sa masse d'armes, il frappe d'estoc et de taille. Casques, boucliers, cottes de maille, hauberts, brassards, crânes, mâchoires, omoplates brisés, moulus, volent en éclats. Trois Anglais, deux Flamands, un Bourguignon râlent et expirent à ses pieds, blanchis de leur fumante cervelle. Saisis de terreur, les autres se dispersent; ainsi finit cette bataille, épisode d'une autre bataille. Angilbert vainqueur arrive près d'Enguérand et veut se prosterner : « Non, non ! s'écrie le chevalier, c'est à moi de te remercier, de te bénir à jamais ! Je te dois la vie; en échange reçois la liberté, pour toi, les tiens et tous tes descendants. Je mets à te récompenser le même empressement que tu as mis à me défendre. Angilbert, mon libérateur, sera l'intendant de mes biens, ou plutôt mon ami. Clodomir, ton fils, devient mon écuyer, lui seul portera ma bannière, lui seul redira mon cri de guerre : *férir hault, dévisier bas* (frapper fort, parler modestement) ; oui, désormais, ta famille est la mienne ; pour gage de ma parole accepte cet anneau. »

IV

Noble reconnaissance envers un vassal généreux ; serments bien dignes d'un gentilhomme ; promesses plus belles encore, si elles avaient été réalisées. Mais hélas ! une basse, une criminelle jalousie vint en paralyser l'accomplissement. Revenu dans ses domaines, des envieux inspirèrent à Enguérand d'injustes préventions contre leur compatriote ; par l'intrigue et la calomnie, ils se vengèrent d'une faveur dont ils étaient eux-mêmes privés. Angilbert, dont l'affranchissement fut différé de jour en jour, resta soumis aux rigueurs et à toutes les vexations de la servitude seigneuriale, il retrouva ses chaînes là où la Liberté lui tendait les bras. En vain réclame-t-il la foi jurée si solennellement aux champs de Bouvines, il ne cessa point d'être traité en serf. Alors la haine, le ressentiment se glissèrent dans son cœur justement aigri. Son ancien dévouement fit place à une mortelle aversion. De coupables pensées traversèrent son âme exaspérée. Peut-être le vaillant soldat de Bouvines serait-il devenu un assassin, si le ciel ne lui avait épargné ce crime, en le frappant d'une maladie inattendue. Angilbert fut atteint de la lèpre et cloîtré de force dans la maladrerie de Rouvroy, devenue depuis la ferme de ce nom.

V

La lèpre ! la lèpre ! épouvantable fléau dont l'Orient fut le berceau, exterminateur redouté qui attend toujours son historien. Il se déchaîna sur l'Europe vers le milieu du douzième siècle ; les symptômes en étaient repoussants, les progrès rapides, le dénoûment fatal. Les patients se couvraient d'un second épiderme, d'une croûte d'ulcères cuivrée, de taches livides, de dartres corrosives, avec écailles, pustules distillant un suintement verdâtre, venimeux. L'odeur du soufre et de la suie infectait la respiration des lépreux. En proie à une soif inextinguible, qui consumait leurs intestins, comme le vitriol et le plomb fondu, ils se jetaient dans les puits et les étangs glacés, sans pouvoir mitiger, ni éteindre la fournaise qui incendiait leurs flancs. On en vit dévorer la neige, se repaître de verglas; au lieu de s'éteindre, leur soif renaissait plus implacable, plus cuisante, dans les gouffres où ils se précipitaient pour s'en délivrer. Les premiers atteints furent secourus, mais ceux qui se dévouèrent ayant succombé, victimes de leur abnégation, les cœurs s'endurcirent; bientôt l'égoïsme prévalut, il tarit, dessécha toutes les sources de la charité. La tendre, la sainte pitié ne trouva plus d'autels ici-bas... Tous les liens de la famille et de l'amitié sont rompus; sous l'empire d'une aveugle terreur, les époux chassent leurs épouses attaquées de l'homicide contagion. Des enfants dénaturés expulsèrent du foyer domestique leurs pères caducs, leurs mères octogénaires : des pères, indignes de ce nom, repoussèrent sans remords leurs propres enfants. Ces nouveaux Lazare veulent ramasser les miettes qui tombent de la table des riches, ils sont rebutés avec plus d'horreur que les scélérats. Partout les yeux se détournent à leur aspect, partout mille barrières se dressent contre eux ; on les fuit, on les écarte du geste et de la voix. En vain demandent-ils à partager le réduit et la litière des bêtes de somme, cet abri leur est refusé. Rejetés de tous, ces malheureux voudraient s'arracher à eux-mêmes, ils vont mourir au fond des antres et des cavernes, plus hospitalières que les cités et les hameaux. Avant de se clore pour toujours, leurs yeux défaillants ne rencontrent dans ces sombres repaires, ni les regards d'une sœur ou d'une mère, ni la main compatissante d'un ami; ils voient de hideux reptiles, des bêtes féroces dédaigneuses de la chair humaine et d'une pâture dont les monstres les plus affamés ne veulent plus désormais. Les tigres, les lions du cirque romain, n'en auraient point approché. Les cadavres sont privés de sépulture, ou enfouis précipitamment, sans le moindre appareil civil ou religieux. Les riches seuls, par l'attrait d'énormes salaires, parviennent à retenir près de leur couche des serviteurs plus cupides que dévoués. Pour comble de malheur, la lèpre, à peu près incurable en elle-même, était de plus héréditaire, se transmettant toujours avec la vie. Condamnés, proscrits avant de naître, les rejetons du lépreux pouvaient-ils voir dans une pareille existence autre chose que le plus désastreux de tous les présents? Une fois de plus, l'auguste tutrice du monde, la miséricordieuse religion de Jésus-Christ devint le salut, le refuge de l'humanité aux abois. Bannie des palais, la compassion ne déserta point le sanctuaire. L'Église inconsolable se répand en prières pour son troupeau désolé ; elle veut le rallier, comme une poule rassemble ses petits, sous ses ailes, selon l'affectueuse parole du Maître. L'Église pleure avec ceux qui pleurent, elle souffre avec ceux qui souffrent. Émus d'une paternelle sollicitude, les évêques, les chefs d'ordres se concertent avec l'autorité séculière, pour fonder et doter partout des léproseries, comme celles de Tenflôt, Vignacourt, la Madeleine d'Amiens. Tel était l'asile où fut séquestré le malheureux Angilbert. Vêtu du sayon réglementaire, il entra dans ce séjour de deuil, tellement peuplé que trois lépreux s'y disputaient souvent la moitié d'un grabat, théâtre de toutes les tortures du désespoir pour plusieurs.

VI

Enguérand avait une fille unique, dont la miraculeuse beauté nous semble le moindre ornement, éclipsé par l'auréole de la vertu. Sylvula, c'était son nom. Harmonieuse, poétique appellation, si bien justifiée par l'heureux ensemble des attraits, des grâces, de la distinction, de toutes les délicatesses, et de toutes les suavités jointes à la pudique candeur d'une autre Esther. L'aubépine n'était pas assez blanche, pour se comparer à Sylvula. Élevée sous les yeux de sa tante Héloïse, abbesse de l'opulent monastère de Moreaucourt, où se succédèrent dix-sept princesses du sang royal, elle avait rapporté de cette sainte et mélancolique solitude, tous les parfums et l'arôme divin d'une naïve, mais sincère piété; son limpide regard, ses yeux si purs racontaient le ciel, en reflétaient la sérénité. Qu'elle était belle, quand, au déclin du jour, avant la rosée du soir, elle s'égarait recueillie, sous les ombrages et les longues avenues de hêtres et de tilleuls, berçant son âme en d'ineffables rêveries! Sur l'aile de l'ardente prière, ses pensées s'élevaient à des cîmes où les étoiles, les plus hautes sphères ne toucheront jamais; elle montait jusqu'à Dieu sans effort, se baignant dans son essence, comme une barque emportée sur un lac par sa blanche voile et le seul balancement des flots, sans rames ni rameurs. Qu'elle était ravissante, quand, en un jour du tiède automne, elle se penchait sur le roc d'où jaillit, comme d'une urne antique, la merveilleuse fontaine de Bichecourt, cette autre Vaucluse de nos plantureux vallons! Si Pétrarque avait entrevu Sylvula, debout au pied de la verte colline, effeuillant la dernière rose à la surface de l'onde qui s'enfuit, Pétrarque eût chanté ce féerique tableau sur toutes les cordes de sa lyre, comme il sut immortaliser la virginale figure de Laure. Si le saint évêque d'Auxerre avait aperçu Sylvula, prosternée sous la voûte d'un temple gothique, parmi les odorantes fumées de l'encens, il lui eût donné le voile des vierges, comme à l'auguste patronne de Lutèce, Génovéfa de Nanterre. Sa bienfaisance répondait à sa ferveur: jamais l'indigent ne l'aborda sans revenir heureux, ou du moins consolé; il l'avait vue, il souffrait moins. Peuples et grands, troubadours et ménestrels étaient entraînés vers elle, tous la chérissaient; elle naquit pour plaire, comme Enguérand, pour triompher. A lui, les lauriers; à sa fille, les cœurs!... Fiancée dès son bas âge au jeune Christian de Belloy, son mariage fut indiqué pour le 16 mai 1215. La veille de ce grand jour, elle voulut couronner son adolescence et sanctifier son avenir par un acte héroïque de charité, en visitant elle-même la léproserie de Rouvroy. Vers cinq heures du soir, parée des plus riches atours, descendant le perron du castel féodal, elle partit, montée sur un magnifique palefroi, à la croupe bondissante, sous une housse d'hermine, à la selle, aux arçons d'ivoire ciselé, aux étriers de vermeil, caracolant à l'envi avec ses trois filles d'honneur. Déjà la vaste pelouse de Bichecourt était couverte de tables, disposées d'avance pour le banquet nuptial, auquel étaient conviés indistinctement tous les habitants d'Hangest, Souës, le Mesge. Dans la prairie attenante au parc, s'élevait en amphithéâtre une arène sablée, et somptueusement décorée, pour le tournoi du surlendemain. Au-dessus des gradins, recouverts de velours cramoisi et de crépines d'or, brillaient avec un gonfanon pris sur les Vénitiens, des banderolles, des guirlandes, des emblèmes, trophées, faisceaux d'armes, chiffres entrelacés et les blasons des divers et nobles combattants. On y distinguait l'antique écusson de Karl de Boubers, avec cette chevaleresque devise : *Fidelior in adversis* (avec le malheur s'accroît ma fidélité). Venait ensuite l'écu de Tancrède de Clercy, gentilhomme neustrien, avec sa religieuse exergue : *Deo duce, ferro comite*, (Dieu pour guide, le fer pour appui); de Guy de Saveuse, avec ces mots: *plus d'honneur que d'honneurs*; de Théodoric de Lameth, Amaury de Bourdon, portant sur son bouclier cette brève inscription : *Candida, candidis*, (aux purs, ce qui est pur); Gontran d'Yseux, avec cette hautaine légende: *Habet quoque sua sidera tellus*, (la terre aussi compte ses astres); de Raimbault d'Estourmel et autres chevaliers bannerets. Brillants, impérissables souvenirs, contre lesquels l'égalité des temps modernes ne doit plus protester; car l'histoire en a fait le patrimoine de tous. Sylvula ne peut s'empêcher de sourire à ces grandioses, à ces aristocratiques apprêts, à cet appareil princier, qui lui rappelait les pompes du passé, et lui présageait l'éclat de l'avenir; elle se sentit pénétrée d'une douce ivresse qui embellissait, poétisait, vivifiait tout à ses yeux enchantés, séduits. Le paysage, les sites de Bichecourt lui semblèrent plus pittoresques, les bois plus balsamiques, l'azur du ciel plus radieux, le tapis du sol plus riant, les eaux du Saint-Landon plus transparentes, ses cygnes plus majestueux, ses gondoles plus chatoyantes, les gerbes, les nappes des cascades plus écumeuses; les statues n'étaient plus de marbre, Diane, Flore, Pomone allaient descendre de leur piédestal, le bronze lui-même respirait. Les ramiers, bouvreuils, bergeronnettes, rouges-gorges, passereaux comprenaient Sylvula; ils traduisaient ses secrètes impressions par un plus musical gazouillement, par une plus expansive loquacité. Leurs soupirs, leurs roulades, leurs hymnes, n'étaient-ils pas pour la reine de ces lieux, pour Sylvula? Les massifs touffus, les amandiers, myrtes et lilas épanouissaient sur elle leurs dais, leurs girandoles de fleurs. Comme ceux de la fabuleuse Dodone, les chênes du coteau lui prédisaient un règne de prospérités, un diadème de bonheur. Dans son extase, Sylvula eût appelé la France entière aux fêtes du 16 mai; en un instant elle vécut une longue vie, tout un siècle d'illusions trop tôt suivies du réveil! fictions cruellement démenties par la réalité : cet astre naissant va se plonger dans la nuit.... Enguérand, parmi tant d'arbustes dont s'enorgueillissent tes jardins, dis-moi, ne se trouve-t-il pas un seul cyprès? Du seuil de ton castel, ne vois-tu pas une autre seigneurie, oubliée dans la dot de ta fille? ne découvres-tu pas, au couchant, la cité des morts, l'héritage, l'enclos des trépassés? la comprends-tu cette faux, sculptée sur le sinistre portail du cimetière d'Hangest ; comprends-tu ces pâles bruyères, ces ronces flétries, ces tertres affaissés, ces inscriptions vermoulues, cette haie lézardée?... entends-tu l'éternelle, la prophétique plainte des vents, à travers le sombre feuillage des pins? Salut, fils de la gloire, enfant de la fortune, salut! mais, de grâce, ne dédaigne plus nos amers pressentiments..., ne l'oublie pas, nous sommes tous taillables et corvéables d'un terrible suzerain... le trépas. Parfois, il lance au sein d'une noce échevelée, sa ronde à lui, sa danse... des morts! Parfois, ce despote, en ricanant, remplace, par la noire ébène, nos coupes d'émeraudes et de rubis!

VII

Ni crainte, ni dégoût, rien n'arrête l'héritière de Bichecourt. Arrivée à Rouvroy, l'imprévoyante Sylvula met pied à terre ; s'approchant de la grille extérieure, elle fit tomber dans la première cour une véritable pluie d'or et d'argent. Les lépreux émerveillés, interdits, crurent voir un ange, un rayon descendu du ciel, dans cet abîme de douleurs. Subjugués par l'étonnement, ils songeaient à peine à recueillir les largesses de leur bienfaitrice, tant ils étaient éblouis, fascinés par le prestige inconnu de cette aérienne et fluide apparition. Ils écoutaient, ils contemplaient, ils admiraient, ils buvaient ses paroles et ses regards; un sentiment, dont ils ne soupçonnaient plus l'empire, venait de se ranimer en eux. Dans leur idolâtre ravissement, ils allaient tomber aux genoux de Sylvula, captivés, vaincus par le magnétisme de cette juvénile beauté, s'encadrant dans le guichet d'une léproserie ; contraste inouï, saisissant, digne des pinceaux de Raphaël, de Rubens, de Salvator Rosa !

VIII

Cependant un homme... un homme seul se dérobe à cette unanime sensation. Morne, pensif, ironique parfois, il se tient à l'écart, adossé au tronc noueux d'un orme rabougri, comme un sanglier dans sa beauge. Son œil orageux darde de sinistres éclairs. De noirs instincts fermentent au fond de cette âme ulcérée, maladive comme son enveloppe de chair. Ce sein couve sourdement un étrange forfait. Ce silence parle, il a son éloquence, c'est l'avant-coureur de l'explosion ; oui, dans ce regard, dans cette attitude, le meurtre est écrit... Soudain, un rauque grognement s'échappe des poumons gangrénés d'Angilbert: « Haro! haro! sus, sus aux ingrats, mort aux parjures, mort à nos oppresseurs ! mort aux chevaliers félons !..» Il part, se cramponne à la clôture d'enceinte ; ses compagnons le cernent, le pressent, parviennent à le maîtriser ; mais bientôt, sa fureur redoublant avec les obstacles, il se rue en avant, il escalade, franchit la barrière et disparaît comme un forcené. Témoin de la premiere tentative, Sylvula s'était enfuie épouvantée. Angilbert écumant la poursuit avec le rugissement d'un jaguar, il l'atteint sur le pont de l'Eauette, fond sur elle, la terrasse, et l'enlaçant dans une étreinte de damné, il l'inonde de bave et d'immondes baisers, pour infiltrer en elle le virus pestilentiel, pour allumer sur ses lèvres les charbons ardents, le brasier dont il est lui-même intérieurement brûlé. Il l'imbibe des miasmes infects d'une vivante putréfaction. Sa rage ne connaît plus de frein, c'est le vertige de la haine, c'est le délire, l'orgie de la vengeance ! Il croit l'assouvir, mais ne peut la rassasier. C'est la savoureuse délectation, l'âcre volupté d'une friande panthère quand sa langue lèche et pompe le sang d'un agneau...... Le voyez-vous? comme un vampire, il s'étend, se roule, se pelotonne sur ce corps, roidi par un indicible effroi. Entendez-vous les os, les vertèbres craquer sous les assauts de ce poitrail haletant, essoufflé? sous la pression de ces deux bras velus, qui étouffent la chaste fiancée de Christian dans un hymen nouveau, inventé par le génie d'un lépreux des plus experts...hymen d'opprobre,d'ignominie, d'extermination,pour incarner la mort, là où débordait la jeunesse, là où ruisselait la sève, le printemps de la vie, avec l'âme des Lusignan, des Coucy, des Godefroi, des Chatillon !

IX

Maintenant, reconnaissez-vous cette paire de griffes gluantes, visqueuses, qui vont et viennent, creusent, perforent ce sein soulevé tout à l'heure par les élans de la charité envers ce même meurtrier ! Sans mentir, c'est atroce comme Laocoon ; n'est-ce pas là aussi un groupe terrifiant à voir ! le velours, le satin, la moire, le brocart, avec les impures guenilles, les sandales usées, la bure, la toile à besaces, le vil capuchon des maladreries... Le coloris, les formes splendides, les contours de la dix-huitième année, avec les abcès bleuâtres, violacés, les teintes vomitives, les rides cancéreuses, les ampoules de venin, les naseaux glaireux..... les perles, les bracelets, avec les haillons ; l'idéal avec la bestialité, l'enfer du Dante avec le paradis de Milton. Tout se mêle, se pétrit dans la fange de ce chemin d'Hangest, chaque jour empreint, scellé de nos pas distraits, de nos traces insouciantes..... Où trouver un pendant à ce tableau ? Serait-ce la catastrophe de Jézabel, dans Atalie ? Mais la fille d'Achab était un monstre, la fille d'Enguérand est l'innocence même. Et pourtant, les spectateurs tressaillent quand notre Euripide dévoile aussi à leurs regards

> Des lambeaux pleins de sang, et des membres affreux,
> Que les chiens dévorants se disputaient entre eux.

O déchirement ! me laisserez-vous seul à pleurer Sylvula...? Et toi, lépreux de Rouvroy, es-tu content? Il se fait tard ; tout se tait, une cloche seule gémit dans les ténèbres; entends-tu bourdonner l'*Angelus* de la véprée ? par l'ogive du clocheton, vois-tu luire la lampe du veilleur ? ta journée est-elle bien finie ? Esclave, te resterait-il encore une patricienne à sacrifier ? un sanctuaire à polluer ? tout ton fiel est-il dépensé ? hâte-toi, tu ne peux plus échapper. Le Juge d'en haut t'a maudit, pour avoir brisé l'œuvre de ses mains, cet albâtre immaculé, son vase d'élection, Sylvula de Bichecourt ! anathème sur le lépreux de Rouvroy !....

X

Quand le bourreau eut consommé sa tâche, il parcourut à grands pas la berge du ruisseau, se dirigeant vers les pâturages de Bourdon. Deux minutes après, un bruit sourd troublait les profondeurs de la Somme, un brusque bouillonnement succéda à la chute, c'était le corps du lépreux, englouti dans ce tourbillon. S'infligeant à lui-même un juste châtiment, Angilbert venait de se noyer, il expiait son attentat par le crime du suicide ; Bichecourt n'en est pas moins vengé. Respirons un instant. Angilbert n'est plus ; sur lui clapote l'écume des flots, *ite maledicti !...*

XI

Comme trois colombes à l'aspect d'un vautour, les trois filles d'honneur, Hermance, Isabelle, Fœdora, pour se soutraire au courroux d'Enguérand, s'étaient réfugiées sur les degrés du maître-autel de l'église paroissiale, dont l'inviolabilité était alors reconnue et respectée, même en faveur des plus grands criminels. Les cheveux épars, Hermance, Isabelle, Fœdora, tantôt se tordaient les mains de désespoir ; tantôt, le front dans la poussière, elles exhalaient devant le tabernacle de l'Éternel leurs regrets et leurs gémissements qui vont réveiller au loin les échos attendris ; au dehors, l'oiseau des funérailles attriste l'air de ses plaintifs accents; son audacieuse membrane rase et frappe le saint vitrail de la nef... Cependant, le petit nain Beppo, quiselon l'usage du temps accompagnait toujours la noble demoiselle, Beppo, dont la radicale impuissance excusait la non-intervention, s'élança sur le blanc destrier, dont il restait le seul gardien ; il courut à Bichecourt, pour y annoncer le funèbre message. Les deux châtelains ne tardèrent pas à arriver. Enguérand était muet de stupeur; ses larmes, violemmentcomprimées, l'aveuglaient; le lendemain. ses cheveux étaient blancs ! Béatrix de Rambure, agenouillée près de sa fille, redisait, sans se lasser, cette simple, mais pathétique lamentation: « Mon Dieu, prenez ma vie, sauvez les jours de Sylvula..... Seigneur, enlevez-moi tout, mais donnez-moi les tourments de ma fille ; de ses douleurs faites mes douleurs. » On prodigue à la malade des soins empressés, mais stériles, car la lèpre brave toutes les ressources de la science et de l'art. Placée dans une vaste litière, Sylvula fut reconduite au manoir paternel, escortée de quatre pages, portant chacun un flambeau de résine allumée. Une foule de villageois l'accompagnaient en sanglotant. Au milieu de leurs rangs, une chienne prolonge d'affreux hurlements, c'est *Zerbi*, levrette favorite de celle qui fut.... Sylvula !...

XII

Le lendemain, 16 mai 1215, dix ou douze invités, ayant à leur tête Hector d'Avelesges, se présentèrent, dès le matin. Ils étaient venus par le chemin de Molliens et du Quesnoy ; grande fut leur surprise en voyant que le tablier du pont-levis n'était pas encore abaissé, ni la herse du donjon levée. Les hommes d'armes, qui veillaient nuit et jour à l'entrée du castel leur apprirent les événements de la veille; les nobles étrangers refusèrent d'y ajouter foi. Il fallut que le chapelain, maître Probus, leur confirmât, les yeux humides, l'irréparable malheur du 15 mai. Tous alors se retirèrent consternés. Sylvula fut confinée dans la tour de l'Ouest. Léocadie, sa nourrice, Brigitte, sa sœur de lait, furent seules admises dans son intérieur, ou plutôt à son chevet ; car deux mois après elle expirait immolée par l'ingratitude d'Enguérand et la barbarie d'Angilbert, pour lequel elle eut une sublime prière en entrant dans l'éternité, en recevant la suprême onction des mourants.

XIII

Noble fille d'Enguérand, adieu ! toujours les pierres et l'arche du pont de l'Eauette rediront aux voyageurs ton étrange fin ! Ah ! laisse-moi revoir, encore une fois, la terrasse de Bichecourt, ton oratoire byzantin, constellé de pierreries, cette île où s'ébattait ton enfance, quand tu avais épelé l'antique Missel, aux enluminures de cinabre et d'or. Où sont les daims et les jeunes chamois confiés à tes soins ? et tes saints coquillages de Galilée ? tes séraphins à la tunique bleue ? ta cigogne née au Golgotha ? ton sycomore de Bethléem ? Laisse-moi toucher ta harpe, ta viole silencieuse, jadis si vibrante, ô sœur des Anges ! ô toi rivale de Cécile, en tes poèmes de symphonie, tes ballades d'Ossian, et tes noëls aux champêtres accords...... Allons revoir ton sentier de Rouvroy, pour baiser le sable et les vestiges de tes derniers pas ! Mais vous, Seigneur, rallumez au ciel cette étoile du matin, si tôt enlevée à nos avides regards. Sauvez Sylvula !.. à qui donc, direz-vous : *Venite, benedicti Patris mei*, venez, les bénis de mon Père.... Fille d'Enguérand,

ADIEU !

XIV.

En lisant les détails d'une si retentissante infortune, nous redisons avec le père de Zaïre :

...... O mon Dieu, ce sont là de tes coups !

Mais aussi, plusieurs se rappelleront l'épigraphe inscrite au frontispice de Notre-Dame de Paris, par Victor Hugo :

Ananké, fatalité.

Ils verront dans la fille du chevalier une Iphigénie chrétienne, une Esméralda, courbée sous la main du sort. Mais le destin n'est rien, Dieu est tout. De son invisible doigt, il écrit, il rédige d'avance les drames des peuples, les solennelles tragédies de l'histoire, représentées ensuite devant nous par des acteurs, rois ou tribuns, Marius ou César, courtisans ou plébéiens, applaudis ou conspués quand leur rôle est fini, mais ce sont toujours les simples agents du Poète éternel, qui déroule à nos yeux son livre d'événements, ses épopées de siècles, ses pages d'avenir. Un jour, le ciel s'ouvrira pour nous en montrer le divin auteur. Porvidence ! Providence ! non tu ne seras jamais détrônée. Ne demandons donc pas au hasard, c'est-à-dire au néant, l'explication de ce qui est, a été, sera. Laissons disserter les fatalistes ; restons chrétiens en méditant la parole si profondément philosophique, échappée il y a deux mille ans, au chantre de l'Ausonie. « Les larmes, dit Virgile, ne sont pas accidentelles, mais essentielles, inhérentes à notre triste condition. » C'est le pacte mystérieux de la souffrance et de l'humanité, si admirablement symbolisé par la croix de notre Rédempteur, qui non-seulement explique tout, mais encore console de tout ; elle seule, comme le dit M. Thiers, elle seule a donné un sens à la douleur, sanctifiée par la foi, divinisée par nos espérances en Jésus-Christ.

Sunt lacrymæ rerum !

AMÉDÉE JOURDAIN.

UN TROUBADOUR SUR LA TOMBE DE SYLVULA

—

Gémissons, ô ma lyre,
Au bord de ce tombeau que mouillent tant de pleurs :
Au cyprès qui soupire,
Mêle ta voix plaintive et tes chants de douleurs.

Elle n'est plus, la vierge au front pur et candide !
Pleurez, pleurez, mes yeux.
Elle n'est plus... hélas ! que dans le sol humide,
Où dorment ses aïeux.
Où sont, ô ciel ! où sont ces attraits et ces charmes,
L'ornement du vallon ?
O penser déchirant ! ô mortelles alarmes !
Là... sous ce vert gazon !

Adieu ! ma Sylvula, gracieuse colombe,
Soutien de l'orphelin !
Tu ne vois plus l'enfant à genoux sur ta tombe,
Te demandant son pain.
Il t'appelle en pleurant, mais la tombe est muette :
Et, du fond de son bois,
Par son lugubre chant la plaintive chouette
Répond seule à sa voix.

Sylvula, Sylvula, qu'as-tu fait de ton zèle ?
Le pauvre, sans secours,

De besoin va périr, et, quand sa voix t'appelle,
Hélas ! tu dors toujours !
Pour la première fois, c'est en vain... O merveille !
De la tombe, un soupir,
Un son plaintif et tendre a frappé mon oreille :
Moinsdoux est le zéphyr.

« Séchez, séchez vos pleurs, enfants de la misère ;
« Là haut, levez vos yeux.
« Je règne dans la gloire, et ma main tutélaire
« Vous protége des cieux.
« La douce charité, comme une aimable reine,
« Habite mon palais.
« Bichecourt, tu peux perdre un castel, un domaine;
« Ta charité, jamais ! »

Aimable Sylvula, salut à ta mémoire !
Les siècles à venir
A l'envi rediront ta douceur et ta gloire,
Et viendront te bénir.
Salut, salut à toi ! Peut-être nos collines
Et ce riant vallon
Cesseront de chanter Enguérand et Bouvines,
Mais jamais ton doux nom.

Arrête, voyageur ! entends-tu ce murmure
De l'onde et des roseaux?
N'entends-tu pas gémir à travers la verdure,
Pleurer au fond des eaux ?
N'entends-tu pas au loin l'écho de la vallée
Appeler Sylvula?
Passant, vois à tes pieds : c'est là son mausolée
A genoux ! bénis-la.

Écoute : près d'ici de noirs corbeaux croassent,
Corbeaux de Lucifer.
D'un vol lugubre et lourd ils passent et repassent :
On croit entendre : « Enfer ! »
Ils ont quitté Tenflôt pour le pont de l'Eauette,
Dès le moment affreux
Où le monstre Angilbert... C'est assez, je m'arrête ;
Maudit soit le lépreux !

Gémissons, ô ma lyre,
Au bord de ce tombeau que mouillent tant de pleurs ;
Au cyprès qui soupire,
Mêle ta voix plaintive et tes chants de douleurs.

Hangest-sur-Somme, 5 *décembre* 1869.

583. — Abbeville. — Imprimerie Briez, C. Paillart et Retaux.

www.ingramcontent.com/pod-product-compliance
Ingram Content Group UK Ltd.
Pitfield, Milton Keynes, MK11 3LW, UK
UKHW032011260826
14628UKWH00005B/2432

9 782011 784278